Akena Okoko

SAINTE-FOY

Récit afro-québécois
1993-2005

LES ÉDITIONS DE TA MÈRE

Direction littéraire : Maxime Raymond
Révision linguistique : Maude Nepveu-Villeneuve
Design graphique et illustrations : Benoit Tardif
Infographie : Rachel Sansregret

Bibliothèque et Archives nationales du Québec - 2019
Bibliothèque et Archives du Canada - 2019
ISBN papier - 978-2-924670-77-4

www.tamere.org

Nous remercions de leur soutien financier le Conseil des arts du Canada et la Société de développement des entreprises culturelles du Québec (SODEC).

« *La foi est ce que tu en fais.*
C'est le truc le plus rude depuis MC Ren. »
— André Benjamin

« *Comme ça tu veux être dur à cuir*
Casquette par en arrière
Parler de péteux dans tes vers
Mais je ne ressens rien
Du style dur à cuir que tu cries
Peut-être
Est-ce moi qui rêve ? »
— Christopher Wallace

SAINTE-FOY

Après les étudiants africains venus
Étudier à l'Université Laval
Pour retourner construire le pays

Qui ne sont jamais repartis
Et se sont fait des blondes québécoises
Qui ont accouché dans les années quatre-vingt
De bébés métis

Il y a eu des vagues de familles
Venues s'installer à Sainte-Foy
Pour fuir la guerre

Liban
Ex-Yougoslavie
Rwanda

Depuis le divorce de mes parents
Nous habitons dans les blocs orange
De la rue Maricourt

ORIGINES

Ma mère propose
« La pluie de tes insultes n'atteint pas
Le parapluie de mon indifférence »

Pour les fois où on entend le mot *nègre*
Dans la cour d'école

L'indifférence
Je crois que c'est comme l'endroit d'où on vient tous
Qui fait que personne n'est si différent que ça
Qui fait qu'on a tous envie d'être gentils
Ou de péter une gueule à d'autres moments

Mais j'ai pas encore vérifié dans le Larousse

Pour l'instant tous les étrangers de cinquième année
Ici à l'école primaire Notre-Dame-du-Sacré-Coeur
Dans la paroisse Sainte-Ursule
Sont d'accord avec le fait qu'il est mieux
De se tenir en clique

Il y a un métis moitié sénégalais
Et moi moitié zaïrois

Un autre qui vient du Bénin pour de vrai
Né là-bas et tout

Pour qui nous deux on est des Québécois comme les autres
Il y a aussi un membre de la clique
Qui vient de Port-Cartier

LA NBA

La course chez le boucher à la fin des cours
Pour nous greyer de quatre ailes de poulet chaque

Un spécial qui existe seulement l'été

La seule option l'hiver pour grignoter
Entre la cloche et la pratique de basket
Étant le dépanneur

On pellette la neige avec des bottes déjà mouillées
Le but : faire une butte
Directement sous le panier de la cour d'école
Pour pouvoir jouer full contact avec dunks et tout
Sans dribble

On invente un sport

Puis on arrive à la pratique de basket déjà épuisés
Par quinze minutes
De plaquage en habit de neige
Un peu mélangés dans nos règlements

Ensuite on puise dans l'énergie du dîner
Du déjeuner, pour certains
Et des bonbons pour essayer de bien faire les exercices

Cette année Toronto et Vancouver ont fondé
Leur propre équipe NBA
Il y a même la rumeur qui court
D'une équipe à Montréal le temps qu'on finisse
Notre secondaire
Qui sait ? Peut-être même Québec

Même en carence alimentaire
Et nés dans un pays enneigé cinq mois par année
Nous on s'entraîne pour rien d'autre que la NBA

APPRENDRE À VOLER

Quitter les locaux
Pour la dernière fois de l'année scolaire
Sous le soleil californien de juin

Terminer la cinquième année sans se soucier
Des notes de comportement
En sachant bien que papa reprendra
La garde à la rentrée

Retourner finir son primaire
Là où on a fait sa maternelle

Prendre le congé scolaire
Comme des vacances sans fin

Dire à l'an prochain
Pour ce deux mois de plongeon
Dans la non-responsabilité

Pour bien donner le ton à l'été
Penser à un vol à l'étalage
Plus sophistiqué qu'à l'habitude
Au même dépanneur que d'habitude

Se faire abandonner dans le back-store
Par son meilleur ami
Chargé de poids et haltères de malbouffe volée

Se demander qui a le plus appris à voler
Entre le capturé
Et le fuyard

1996

Notre chanson favorite du moment
« Regulate » de Warren G
À volume réduit
Pour pouvoir rapper par-dessus

Le seul instrumental disponible
Sur le boulevard Pie-XII
Pour une clique de préados
Qui ont envie de faire comme
Kriss Kross et Snoop Doggy Dogg

Mon cousin Rennick
Mon frère aîné Asami
Mon meilleur ami Izzo
Et moi
On vient de fonder notre premier groupe de rap

On appellera ça J.S.
Pour Junia Skwad (« L'équipe junior »)

AFRO-AMÉRICAIN

J'arrive de l'école et j'entends
Les yeux de mon père nous réunir dans la cuisine
Pour découper deux pantalons trop larges de mon frère

Pour nous rappeler qu'il n'aime pas
Qu'on se comporte en New-Yorkais
Qu'on ramène la mode des prisonniers
Dans son bungalow de Sainte-Foy

TÊTES RASÉES I

Nelson Mandela
Et
Patrice Lumumba
Portaient la ligne dans les cheveux

Mais c'est une autre chose
Que mon père aime pas nous voir porter

On profite de la garde partagée
Pour se faire des designs capillaires

Le dimanche soir
Dès l'arrivée chez ma mère

Une semaine étant tout juste suffisant
Pour que ça repousse

Au pire des pires
On recoupe tout à zéro
Ça, ça passe

LES COPIES

Mon père a décidé de s'inspirer des professeurs
Et de nous faire faire des copies à la main

Je me suis pris
Cent fois « Je ne dirai plus *je sais* »

Et quelques mois plus tard

Cinq cents fois « Je ne dirai plus *ta gueule* à mon frère »

La technique est d'y aller lettre par lettre
Dans le sens vertical

On fait tous les « j »
Ensuite tous les « e »

À cet instant
C'est écrit des centaines de fois « je » sur le papier

Il reste plus qu'à faire face
Aux premières nuits presque blanches de notre vie
À part les réveillons du jour de l'An

Et terminer toutes les phrases au complet

Les copies fonctionnent très bien
Car depuis, j'ai bien compris mes deux leçons :

« Je ne dirai plus *ta gueule* à mon frère »

Mon frère est mon meilleur ami
Je lui dois mon plus grand respect
Surtout qu'il a écopé d'une copie
Presque deux fois plus longue que la mienne
Avec « Je ne sortirai plus par la fenêtre la nuit »
Neuf cents fois

Et

« Je ne dirai plus *je sais* »

A priori je ne sais rien
Même en vieillissant
Mes yeux et oreilles doivent demeurer
Éponges
Ma bouche, rester au service humble
De ce qu'il reste à apprendre

OUEST

On a connecté par le basket
Avec les gars de la Basse-Ville
Limoilou, Saint-Roch, Vanier

Mais notre sous-clique vient de Sainte-Foy
L'ouest de Québec

C'est donc tout à fait logique
Que dans nos house parties à nous
Ce soit surtout du rap de Californie qui joue

On leur laisse Wu-Tang Clan et Nas

Peu importe où la fête se passe
Personne est en désaccord quand quelqu'un décide
De mettre *Funkmaster Flex Mixtape vol. 2* au complet

CENTRE

On chill aussi aux coops de la rue Saint-Amable

Des crime de gros édifices à logements
Qui forment un grand carré
Comme dans *New Jack City*

Et qui portent des noms comme
Grandir en ville
Vie de quartier

Et Septième Ciel

Ça m'arrive d'avoir appelé personne
Et de juste aller dans la cour intérieure
Tout de suite en sortant de la 800
Jusqu'à ce qu'un ou une de mes amis
Me voie par la fenêtre

NAGER

« Ne reconstruisez pas le pont de Québec
Chaque fois que vous voulez traverser le fleuve »

Phrase précieuse de mon père
Pour nous inspirer à ne pas refaire les mêmes erreurs que lui

Que j'entends depuis les premières mauvaises chires d'ado
De mon plus vieux frère

Reste que le pont de Québec s'est effondré deux fois
Une fois en 1907 et une autre en 1916

Et je fais quoi
Quand je croise un océan ?

Il me manque encore beaucoup de pratique à la nage

CHEAT CODE

Une nuit complète
Branchés sur le Super Nintendo de mon meilleur ami

Tous les deux d'accord pour jouer
À aucun autre jeu que *NBA Live '96*

On ne change jamais d'équipes
Les Phoenix Suns contre
Les Indiana Pacers
Avec lesquelles on peut
Abuser Dan Majerle et Reggie Miller
Sur les trois points

On a soupé à la caisse complète
De clémentines du Maroc
Qu'on épluche
Durant le court moment
Après que chacun ait choisi son équipe
Toujours la même

Pendant que le jeu load
Figé

Et assis sur un tapis orange
Qui participe à l'ambiance de notre stade

On jase
Ce serait super si le basket dans la vraie vie
Devenait un jour comme ça
Presque seulement des trois points

LA FARCE

C'est une fois un enfant hutu et un enfant tutsi
Qui sont à la rentrée scolaire
Les seuls Noirs dans la cour d'école

Fin de la farce

TOURISME I

Jubiler à l'idée de prendre l'avion pour la première fois
Aller visiter la famille du Texas
Au pays du meilleur basket sur terre

Et atterrir en pleine canicule insoutenable
Empêchant toute activité physique extérieure le jour

Dans un village près duquel un Noir
Du nom de James Byrd Jr.
Vient d'être attaché derrière un pickup
Par le Ku Klux Klan
Sur trois miles d'autoroute

Rendant toute sortie après le coucher du soleil
Moins intéressante

Des terrains habituellement remplis
Vidés par un couvre-feu qui durera quelques semaines
Le temps de mon voyage

MARCHÉ

J'ai risqué de manquer
L'autobus que je dois
Absolument prendre pour ne pas arriver en retard

En partant dix téléchargements de chansons sur Napster
Dans la tour d'ordinateur familiale

Je reviens de l'école
Et j'ai rien de moins que l'équivalent d'une compile

À imprimer sur un CD vierge
À échanger contre un autre CD
Même un morceau de vêtement
Si la transaction se fait avec un ami
Qui a pas encore l'internet

À jouer dans un lecteur CD jusqu'à ce que le côté bijou
Ait l'air d'une patinoire paroissiale
Après une journée achalandée de janvier

Je pense qu'on est rendus dans le futur

Pour la troisième fois

Après le trottoir illuminé
Du clip « Billie Jean » de Michael Jackson

Et

L'introduction dans la maison
De la première console Nintendo

Environ la même année que le divorce

1999

Passer de rapper en français de France marseillais
À rapper en franglais québécois

Merci quand même à Fonky Family
Pour l'inspiration de nos premières chansons complètes
Et complètement calquées sur l'album *Si Dieu Veut*

Partager la découverte avec un crew
Qui se spécialise dans le rap, le basket
Et les house parties

Sans pression
Tenter désormais de laisser aller
Quelques expressions québécoises dans nos raps

TOP 2 DES MEILLEURES CHANSONS D'ÉCHAUFFEMENT AU BASKET

« Slam » du groupe Onyx
« Jump Around » du groupe House of Pain

Mention d'honneur cet été
À « Ruff Ryders' Anthem » de DMX
Mais on doit la disqualifier
Pour trop haut risque de beef dans le gym

L'ÉGLISE I

Mon père est revenu chrétien
Du voyage de repérage de seconde épouse au Zaïre en 1996

Pour tenir bon en attente de ma deuxième maman
On a commencé à fréquenter les églises

Il y a eu en premier celle au centre-ville
Dans un bâtiment aux allures de vieil entrepôt
Que j'aimais bien parce qu'il y avait
Un panier de basket sur place
Pour tuer les quarante minutes de serrage de mains
Avant d'entrer dans la voiture pour retourner à Sainte-Foy

J'avais aussi un valeureux ami avec qui jouer là-bas

Celui d'entre nous plus bâti que tous
Qui dominait les ligues depuis secondaire un
Mais trop intelligent pour s'intéresser seulement basket

On est malheureusement jamais retournés
À cette église-là après que mon père ait lu
Le Discours du Roi des Belges Léopold II
Aux missionnaires du Congo (1883)
À haute voix
Sans l'accord du pasteur

L'ÉGLISE II

Après l'église au panier de basket
On a joint l'église des Congolais

Ici, c'est la musique qui est bien
Et j'ai encore plus d'amis

Mais aucun panier de basket

Aujourd'hui, le pasteur nous a visés
Nous les ados
Avec Colossiens 3:16

Le mot était : parole

Son long doigt battait la page de sa Bible
Comme une percussion le long du sermon

Lui nous bombardait de la parole de Dieu
Et nous on l'écoutait parler lui

Il nous a tous fait visualiser
La portion de notre cerveau qui contient des paroles de rap

Ensuite, il nous a incités à les retirer pour laisser de l'espace
Pour la parole de Dieu

À LA PROCHAINE

La fin du monde avant l'échéance
Dans un square de la place présidentielle américaine

Un cousin assez cool pour passer le bogue de l'an 2000
Avec un ado dix ans plus jeune que lui
Au travers d'un smog invisible
Du mélange de toutes les sortes d'alcool

Le même qui m'avait filé vingt dollars US
Quand il m'en restait zéro
Juste avant mon départ en bus Greyhound
À mon dernier séjour ici

La deuxième fausse fin du monde de ma vie
Après le divorce de mes parents

L'ÉGLISE III

On ne reviendra pas non plus à l'église
Où les gens entrent en transe sur commande
Et parlent en langues

Car le fait que le pasteur n'a toujours pas réussi
À faire tomber mon père au sol
Comme les autres fidèles
Commence à être suspect

VÉHICULE

Aujourd'hui je suis parti avant l'heure des premières bus

À l'heure des camions de livraison
Et des lampadaires encore ouverts

Je suis à bord de mon ballon de basket Wilson
Mon moyen de transport pour l'été 2000
Qui réveille mes voisins avant leur alarme

Parti dribbler sans déjeuner
Dérangeant comme un Harley-Davidson
Qui fait poc poc poc par les fenêtres ouvertes de juin

Des lois existent pour retarder
Le début des chantiers de construction
Et le passage de tondeuse dans Sainte-Foy

Mais pas pour freiner l'horaire quotidien
D'un jeune de 5'7" qui veut dominer la ligue l'an prochain

5'7" c'est la grandeur de Spud Webb

Je suis parti sans sac à dos dans les mêmes shorts qu'hier
Avec un t-shirt propre à l'envers
Que je remets à l'endroit uniquement au moment
Où c'est sûr et certain que je rejouerai plus

Tard le soir

JARDIN

Au bout du trajet de ballon
Il y a trois bons partenaires d'entraînement :

Mon meilleur ami
Qui vit avec ses cinq frères et soeurs
Et son aimable mère qui combat la maladie
Dans un cinq et demie des HLM du Roi dans Saint-Roch

Et un nouvel ami de la Rive-Sud
Qui se fait domper chaque matin par ses parents au terrain
Avec son petit frère
Une boîte à lunch et une gourde

On se rejoint derrière le pavillon Desjardins le matin
Et on commence par quelques centaines de tirs au panier

Mikan Drill (lancers de proche le plus vite possible)
Autour de la clé
Un pas à l'intérieur du trois point
Puis des trois points
Jusqu'à ce qu'on ait plus de force

Les exercices de manipulation
Des vidéos de George Lehmann, Pistol Pete
Et les nouveaux moves de AND1 Mixtape

Ensuite, on se challenge en un contre un
Le lancer de tous est allumé
Alors tout le monde peut battre tout le monde
Même le petit
Des deux frères de la Rive-Sud

Il est environ onze heures
Et on est encore que quatre sur ce double terrain
Qui est théoriquement le plus achalandé de la ville

Vidés par les trois premières heures d'entraînement
Deux d'entre nous sont en train de réaliser
Qu'il n'y a que le fufu-poulet d'hier soir
Comme carburant dans l'estomac

Le truc pour lorsqu'on a trop faim
Est de faire la même chose que si on a soif
Boire de l'eau

Le soleil de presque midi attire dehors
Les étudiants africains qui sont pas retournés
Au bled pour l'été

On arrête officiellement « l'entraînement »
Parce que l'intensité et le sérieux sont trop gênants
Une fois qu'il y a trop d'yeux sur le terrain

La place se change en fête
Tous semblant venus ici pour s'amuser

Sauf nous

LE SENS

Sainte [sɛ̃t] (adj. du latin *sanctus*) :

Pure, souverainement parfaite et bienheureuse. Inspirée par l'amour de Dieu ou la piété.

- (trait d'union) :

Signe graphique que l'on met entre les éléments de certains mots composés. Qui a un rôle de conciliation, d'intermédiaire ou de liaison entre des personnes ou des choses.

Foy [fwa] (n.f. du latin *fides*) :

La croyance, la confiance. Toute adhésion ferme et fervente de l'esprit à quelque chose.

LA LISTE

Après tout le talkshit
Et les tentatives non complétées répertoriées
Dans la région de Québec

Voici la liste des gars confirmés
À avoir fait les douze semaines
Du programme d'impulsion Air Alert
Et à avoir du coup gagné près de douze pouces de saut
En un seul été :

Jean-Michel Simard
Dominique Soucy

Et Lungi Okoko
Premier gars de Québec à avoir joué
NCAA division I

TÊTES RASÉES II

Un banc de gars de seize ans
Dont la moitié sont noirs
Qui dérive dans les vieilles rues à pic
De la ville fortifiée

Un skinhead raciste chaud raide qui gueule
Des « Sieg Heil! » à répétition
Sur un ton d'homme des cavernes possédé

Un punch pointu d'ado déjà habitué de se battre
Plus ou moins sur son nez
Champlure instantanée

Un renfort inattendu de têtes rasées en surnombre

Une course encore plus vite
Que si on se sauvait de la police

Un entraînement imprévu pour le match de demain

Un voisinage qui sort sur le balcon
Admirer le film d'action
Et nous indiquer quel chemin emprunter
Pour semer les hyènes

LES ESPOIRS

L'équipe U16 masculin de la région de Québec
Pour l'été 2000
Contiendra pour la première fois
Une majorité de fils d'immigrants

TOURISME II

Si j'ai bien compris
Mon frère et moi devons partir à courir
Vers la maison de tantine
Maintenant

Parce que la technique de fauter chaque lancer
En fin de match
Pour ne pas être l'équipe perdante
Qui devra sortir du terrain

Marche un peu moins bien dans un secteur
Où les gars planquent des armes à feu dans la voiture

Et le plus fâché d'entre eux
Est présentement en direction du stationnement du parc

COOP

On a continué d'aller parfois traîner
Sur le toit de la coop Septième Ciel
Même après que tous les amis
Et connaissances en aient déménagé

On vient ici pour se rappeler le passé
Avec une vue sur la cour intérieure

Qui nous a vus chasser des chats
Après avoir écouté
« Natural Born Killaz » de Ice Cube en loop

Le lieu a comme changé de vocation

Tout est planifié pour le « pré-Dag »
Même si c'est pas sûr
Qu'ils vont nous laisser entrer au Dagobert

Les filles du secondaire
Sortent dans les bars depuis qu'elles ont quatorze-quinze ans

Nous on continue de galérer à être admis
Même sans habits de sport
En lunettes fumées
Avec une moustache de duvet trimée

STATISTIQUES

Voir le seul ami d'entre nous qui a des chances de jouer
Universitaire aux États-Unis
Commencer à traîner avec lui
Un nouveau coéquipier de l'école privée
Où il joue maintenant

Voir d'autres amis
Traîner leurs amis de fond de quartier
Qui ne sortent pas souvent

Se rejoindre ici à quinze
Avec quinze quarante onces
De bière forte à rabais

Connecter autour du rap
Du basket et des filles
En oubliant l'école
Avec la meilleure vue de Québec
Juste là devant nous

Se faire couper le freestyle de débutant
Le plus rassembleur du monde
Par un fracas de verre sur le trottoir

Tout de suite suspecter
L'ami de l'école privée
Qui depuis son arrivée tente d'impressionner
Les gars de Limoilou
Avec des paroles et des gestes
De gars qui en a rien à foutre

Dire merci Jésus
Que personne soit mort aujourd'hui
D'un quarante onces de vitre sur le crâne

Mais pas merci pour les dix polices
Débarquées cinq minutes plus tard
Interrompre notre « pré-Dag »
De façon traditionnelle
Quoique
Avec un brin plus de force que d'habitude

Traînés comme des carcasses
De viande morte
Sur plusieurs étages

Chaque coup de chaque marche
Chaque palier de béton
Amplifiant les blessures

Les polices pratiquant leurs techniques d'arts martiaux
Sur celui qui ose formuler
Une phrase comme « Nous avons des droits ! »

Une fois arrivés dehors
Nos joues cuisant sur l'asphalte encore chaud
D'une soirée de canicule

Nous faire interroger
Un par un dans leurs véhicules
Et voir partir les amis sous mandat

Deux sur quinze

PROBLÈME DE RÉGLÉ

De toute façon, l'été prochain
Certains amis auront leur premier appartement

On a même entendu parler
D'une porte secrète sur le côté du Burger King
Par laquelle accéder au Living sur la Grande Allée

Et ceux qui sont recrutés pour jouer collégial AAA
Vont un à un quitter pour Montréal ou ailleurs

Et ceux qui vont faire du temps à Orsainville
Seront aussi absents du chilling du vendredi pour un bout

Je crois bien que le problème des polices
Appelées ce jour-là pour un quarante onces fracassé
S'apprête à se régler bien vite

BEEF

Des quarante onces de Carling éparpillés
Sur le côté d'un terrain de basket
Où personne joue d'habitude

Aujourd'hui on a reçu un appel de ralliement
Parce qu'il y a un beef à régler avec des gars un peu plus vieux
Qui contrôlent Limoilou/Saint-Roch

Moi je suis surtout plongé dans le basket ces temps-ci
Alors je ne suis pas au courant de comment ce beef est né
Mais je fais partie des soldats supposés effectuer la mission

Le clan adverse
Entre autres constitué de vieux cousins
Et d'amis d'amis à nous
Nous a envoyé une taupe

Pour nous crinquer nous les plus jeunes
À venir se faire initier à la baston
Au Bois-de-Coulonge de Sillery
Lieu apparemment neutre et à mi-chemin

Au moment du départ
Vers le piège
Mon père est débarqué

Créer un moment similaire
À celui du père de Tre dans *Boyz N the Hood*
Version paroisse Saint-Benoît

« Fils d'immigrants que vous êtes
Devriez avoir honte de déshonorer vos parents ainsi !
Pensez à votre avenir ! »

Mon ami béninois du primaire
Dont les vieux étaient un peu rendus
Comme tonton et tantine
Et moi
Avons raté ce convoi d'entourloupés

Rapatriés par la patrouille du patriarche
Vers un autre genre de guet-apens ailleurs dans Sainte-Foy

Celui-ci de trois heures
Sans exagérer
Assis dans le divan
À se prendre l'interrogatoire
Suivi d'un sermon
Suivi du récit de l'immigration de nos familles
L'histoire de l'Afrique
La menace d'être shippé au village

Mais ça sonne comme une menace seulement
Pour mon ami béninois qui est né là-bas

Il y a une partie de moi qui trouve
L'once d'une possibilité d'aller y passer du temps
Vraiment cool

Aller mettre quelque chose sur le dessus
De mon maigre lexique de swahili et de lingala

Devenir un vrai Congolais quoi

SÉCURITÉ

Ce soir je vais souper avec toutes mes dents
Et sans aucun os de cassé
Ni coupure

De retour à la forteresse familiale
Dans le silence réconfortant
De la colère de mon père

LONGUE QUESTION

Qu'est-ce qui s'est passé
Dans ta tête depuis Les Saules
Quand on partageait le banc d'autobus scolaire
Et qu'on beatboxait par-dessus
La rotation pop de CHIK 98.9 FM

Entre le moment où on s'est fait appeler
Au bureau du directeur ensemble
Pour avoir vidé nos restants de lunch
Par la fenêtre de la bus
Sur la tête des élèves de la polyvalente

Et le moment où tu as décidé aujourd'hui
De venir essayer de nous interdire avec tes amis
Aux cernes tatoués de la brosse de la veille
De déambuler sur les remparts du Vieux-Québec
Avec un boombox qui joue de la « musique de nègre »
À part tes cheveux passés au rasoir ?

L'option de la baston

Refroidie par la présence de polices trop proches

Les mélangés et les pure race repartis
Chacun de leur côté

Tu ne m'as pas reconnu
Mais moi je t'ai reconnu

GALA DU RAP DE QUÉBEC PRÉ-2000

LP

Andromaïck – *Une gouttelette sous l'orage*

EP

Shoddy Abolik – *Le Retour...2*

Difficile d'accepter
D'autres nominations
À part si on a grandi
Sur la Rive-Sud

À SUIVRE

Ma chère deuxième maman
Faisait déjà des rêves durant lesquels
Des prophéties lui étaient révélées avant d'aller visiter
Le tunnel de la mort
À l'étage des greffes de l'hôpital Saint-Luc à Montréal

Mais la prophétie qui dit que je vais un jour devenir pasteur
Semble lui avoir paru un peu plus claire que d'autres
À constater la fréquence à laquelle elle me la répète

LA POLICE ENQUÊTE

Pas besoin d'être un motard
Pour connaître des amis qui connaissent des amis

Tu peux sortir un gars de son quartier d'enfance
Mais tu peux pas sortir la jungle du chat

Si on m'interroge
Je vais leur dire que je suis au courant de rien
Que j'ai rien vu, rien entendu

Quand on me demande mes papiers d'identité
Je ne les ai pas

Mon nom c'est Christopher Wallace

CADEAU DE NOËL

Il y a un système aux États-Unis
Permettant aux jeunes athlètes
Qui ne finissent pas le high school
Avec des assez bonnes notes pour être admis à l'université

De faire une année de plus

Un peu comme l'ancienne septième année du primaire
Ici au Québec

Mais au secondaire

Ils appellent ça prep school

Et il y en a un du Maine qui est venu cet hiver
Un peu avant Noël
Rincer toutes les équipes de la ligue de basket collégiale AAA
Comme une douche
Une pluie de Noël venue tout laver

Notre tour est venu
À la Classique des Fêtes de Sun Youth

Mon ami qui dominait la ligue depuis secondaire un
Mais trop intelligent pour s'intéresser seulement au basket
Y a rencontré des gars dominants
Qui eux ne s'intéressaient qu'au basket depuis jour un
Dont un qui était listé à 7'2"
Comme Dikembe Mutombo

Ça c'est la grandeur à laquelle
On touche au panier sans sauter

Et moi j'y ai terminé ma carrière
Sur une humble fiche statistique de six points
Et sûrement le double de pertes de ballon
Dans une calcinante défaite par soixante points

Il m'a fallu un temps pour remuer
Les cendres de cette défaite
Après m'être pris un brin de prep school
En pleine gueule
Un peu d'école de préparation à la vie
Juste un peu avant Noël

Pour l'instant je termine mon cégep dans le AA

La NBA semblait déjà difficilement atteignable
Désormais elle est un objectif à oublier
Dont on rit en se levant le matin

LE CREDO DU TAEKWONDO

1) Courtoisie

Évite le beef à tout prix

Partage

Tiens la porte ouverte pour que les autres passent

Souris

Donne un avertissement avant de frapper

Et si le beef pogne malgré tout ça
Aie une attitude reconnaissante
Envers ton opposant
Pour l'opportunité de pratiquer le combat

Si ta gang décide de partir à courir
Reste courtois
Cours, toi aussi

2) Intégrité

Reste vrai, reste toi-même
Sois loyal
Assure-toi que tes bottines
Suivent tes babines

Dis pas que tu l'as fait
Si tu l'as pas fait

Garde ta parole valide

Intègre qui t'es

3) Persévérance

Continue jusqu'à ce que ton brouillon
Soit ton propre

Sois ton propre
Père sévère

4) Contrôle de soi

Les pensées se contrôlent pas
Sauf en les remplaçant par des meilleures

Ou en allant prendre une marche

Mais ils ont dit cette semaine
Que mon groupe de rap
Est un club-école de la prostitution juvénile
Dans le *Journal de Québec*

Alors même si c'est tout bullshit sensationnaliste
J'ai tendance à moins avoir envie
De me trimballer dehors sans raison cette semaine

Mais pétons pas de coche trop vite

Gardons notre calme

Même quand le contrôle déçoit

5) Courage

On dit pas « je suis pas capable »

Tout le monde est capable d'hésiter

Et tout le monde est capable d'échouer

De s'échouer

Sur la rive des regrets

Auprès des bouteilles à la mer sans message dedans

Un rendez-vous avec les algues gluantes du temps qui reste

La force naturelle du ressac

La force sans forcer

Et dans le cas de mon père
Ainsi que de plusieurs chers tontons de l'entourage

La force de retourner suivre des cours âgé

IMMIGRANT

La raison officielle de ma venue à Montréal
C'est l'université

J'ai abouti dans mon deuxième choix de baccalauréat
Dans mon deuxième choix d'université
Tout en conservant mon premier choix de hobby
Pour remplir mes temps libres
Le rap

Après avoir squatté deux mois
Chez Boogat et Showme dans le Sud-Ouest
J'ai fini par trouver une colocation
Chez une fille tranquille
Avec qui c'en est vite arrivé
Au fait que je suis bruyant
Même si je jase pas beaucoup

Alors j'ai redéménagé
Ma tour d'ordinateur en métro
Vers le loft que mon frère partage
Avec quatre ou cinq gars sur la rue Dowd
Près de Musique Plus

L'écran dans un sac de hockey
Même si je n'ai jamais joué au hockey
Et la tour qui contient mes deux prochains mixtapes
Dans les bras
Comme si on relocalisait une cathédrale

Le loft en question
De style vestige industriel
Servait de bar dans le temps

Et sert encore mensuellement aux fêtes
Les plus tournées du hip-hop montréalais
Incluant fêtes de Saint-Valentin badigeonnées
De crème fouettée
Et bastons à coups de bières projectilisées

Il y a un genre d'homme des cavernes du futur
Qui habite dans la cour intérieure de l'édifice

Il passe l'année là
Avec des abris de survie
Et des captures de chasse urbaine
Qu'il étale pour le séchage

Des écureuils
Des marmottes peut-être bien

Et mon frère et moi on fait des réserves
De l'autre côté du mur
De chansons pour *Retrospectre 2.0*
Et autres futurs projets

L'autre jour
Si ç'avait pas été du sang-froid de mon frère
Le sang chaud aurait giclé sur l'ordinateur
Pour un 1 g de pot
Réclamé par deux vraiment bons gars
Qui écrivent pourtant des raps intelligents et tout
Mais du type in and out of jail

Mon frère commence à être kap pale kreyol yon ti kras
Parce que des fois c'est pratique ici
Pouvoir passer juste pour un autre grimaud haïtien
Qui est né et a grandi sur l'île

Parfois ici on réussit à jaser un bon bout
Avant la question « Tu viens d'où ? »

La meilleure option pour souper downtown
Est le contenant en aluminium pour emporter
Qui contient assez de bouffe pour deux
À 7$
Au Buffet Chinois Restaurant Jade

Mon frère et moi on mange
Notre premier vrai repas de la journée
En marchant vers le loft
Ayant confiance que personne va nous voler nous
Durant notre absence
Dans ce spot au va-et-vient comparable
À celui de la toilette d'un buffet

Nous on s'est toujours vus
Comme des gars de ville
Venant de Québec
Deuxième plus grosse ville de la province

La bouche pleine de ce que ma cuillère de plastique a choisi
Je lance un regard vers lui
Qui veut dire
Pour la première fois je me sens comme un gars de région
Lui me répond avec un petit hochement de tête
Et un début de sourire
Qui veut dire
C'est normal
Je comprends ce que tu vis
Je suis passé par là

Sur ça on rentre continuer la toune en collab avec Mr. OK

Les assaisonnements chinois
Sont beaucoup plus authentiques à Montréal
Mais le riz blanc au jasmin goûte exactement la même chose
Dans les deux villes

Quand je parle à ma mère
Je lui dis que j'apprends plus que jamais
Que l'université se passe très bien

Remerciements

Merci à la famille et aux ami(e)s.

LES LIVRES DE TA MÈRE

COLLECTION PRINCIPALE

00 *Le livre noir de ta mère*, collectif
01 *Je pense que ce recueil s'adresse à toi*, Maxime Raymond
02 *American épopée*, Guillaume Cloutier
03 *Les plus belles filles lisent du Asimov*, Simon Charles
04 *Plusieurs excuses*, Stéphane Ranger
05 *Vers l'est*, Mathieu Handfield
06 *Événements miteux*, Frédéric Dumont
07 *Sens uniques*, Gautier Langevin
08 *Ceci n'est pas une histoire de dragons*, Mathieu Handfield
09 *Un monstre*, Christophe Géradon
10 *Partir de rien*, Maude Nepveu-Villeneuve
11 *M.I.C.H.E.L. T.R.E.M.B.L.A.Y.*, Orson Spencer
12 *Les cicatrisés de Saint-Sauvignac (histoires de glissades d'eau)*, Sarah Berthiaume, Simon Boulerice, Jean-Philippe Baril Guérard et Mathieu Handfield
13 *Ménageries*, Jean-Philippe Baril Guérard et Benoit Tardif
14 *Maison de vieux*, collectif
15 *Danser a capella*, Simon Boulerice
16 *Toutes mes solitudes!*, Marie-Christine Lemieux-Couture
17 *Villes mortes*, Sarah Berthiaume
18 *Maison des jeunes*, collectif
19 *Les fausses couches*, Steph Rivard
20 *Clotaire Rapaille, l'opéra rock*, Olivier Morin, Guillaume Tremblay et Navet Confit
21 *Albert Théière*, Matthieu Goyer
22 *Sports et divertissements*, Jean-Philippe Baril Guérard
23 *Igor Grabonstine et le Shining*, Mathieu Handfield
24 *L'assassinat du président*, Olivier Morin et Guillaume Tremblay
25 *Des nouvelles de Ta Mère*, collectif
26 *La remontée*, Maude Nepveu-Villeneuve
27 *Des explosions*, Mathieu Poulin
28 *Hiroshimoi*, Véronique Grenier

29 *Épopée Nord*, Olivier Morin et Guillaume Tremblay
30 *À la fin ils ont dit à tout le monde d'aller se rhabiller*, Laurence Leduc-Primeau
31 *Géolocaliser l'amour*, Simon Boulerice
32 *Des nouvelles nouvelles de Ta Mère*, collectif
33 *Royal*, Jean-Philippe Baril Guérard
34 *Petite laine*, Amélie Panneton
35 *Musiques du diable et autres bruits bénéfiques*, Alexandre Fontaine Rousseau et Vincent Giard
36 *Chenous*, Véronique Grenier
37 *Juicy : une idylle à quatre pattes*, Mélodie Nelson
38 *De l'utilité de l'ennui : textes de balle*, Andrew Forbes
39 *Antioche*, Sarah Berthiaume
40 *La singularité est proche*, Jean-Philippe Baril Guérard
41 *Alice marche sur Fabrice*, Rosalie Roy-Boucher
42 *Dimanche*, Jérôme Baril
43 *Nyotaimori*, Sarah Berthiaume
44 *Manuel de la vie sauvage*, Jean-Philippe Baril Guérard
45 *Vieille école*, Alexandre Fontaine Rousseau et Cathon
46 *Fille d'intérieur*, Frankie Barnet
47 *Les Secrets de la Vérité*, Olivier Morin et Guillaume Tremblay
48 *Si j'étais un motel j'afficherais jamais complet*, Maude Jarry
49 *Ta maison brûle*, Simon Boulerice
50 *Carnet de parc*, Véronique Grenier
51 *La lutte*, Mathieu Poulin
52 *Sainte-Foy*, Akena Okoko

COLLECTION POP-EN-STOCK

01 *YouTube théorie*, Antonio Dominguez Leiva
02 *Séries télé, saison un*, collectif
03 *Les filles aussi jouent de l'air guitar*, Hélène Laurin
04 *Le crépuscule des superhéros*, collectif
05 *Un Noël cathodique : la magie de Ciné-Cadeau déballée*, collectif
06 *Poétique du mixtape*, Stéphane Girard

MIXTE
Papier
FSC® C100212

Achevé d'imprimer
sur les presses de l'imprimerie Gauvin,
Gatineau, Québec, Canada